BEI GRIN MACHT SICH IHR WISSEN BEZAHLT

Florian Paul

Bibliografieren und Erstellen eines Literaturverzeichnis mittels Citavi oder Microsoft Word?

GRIN Verlag

Bibliografische Information der Deutschen Nationalbibliothek:

Die Deutsche Bibliothek verzeichnet diese Publikation in der Deutschen National-
bibliografie; detaillierte bibliografische Daten sind im Internet über http://dnb.d-
nb.de/ abrufbar.

Impressum:

Copyright © 2011 GRIN Verlag GmbH
Druck und Bindung: Books on Demand GmbH, Norderstedt Germany
ISBN: 978-3-656-71182-7

Dieses Buch bei GRIN:

http://www.grin.com/de/e-book/278325/bibliografieren-und-erstellen-eines-litera-
turverzeichnis-mittels-citavi

GRIN - Your knowledge has value

Der GRIN Verlag publiziert seit 1998 wissenschaftliche Arbeiten von Studenten, Hochschullehrern und anderen Akademikern als eBook und gedrucktes Buch. Die Verlagswebsite www.grin.com ist die ideale Plattform zur Veröffentlichung von Hausarbeiten, Abschlussarbeiten, wissenschaftlichen Aufsätzen, Dissertationen und Fachbüchern.

Besuchen Sie uns im Internet:

http://www.grin.com/

http://www.facebook.com/grincom

http://www.twitter.com/grin_com

Bibliografieren und Erstellen eines Literaturverzeichnis mittels Citavi oder Microsoft Word

1) Citavi

Bibliografieren

Citavi ist in der Lage diverse Literatur wie Bücher, Zeitungs- und Zeitschriftenartikel und Internetdokumente automatisch zu erkennen und zu verwalten. Mit der Eingabe der ISBN kann das Programm alle benötigten Daten des Werkes / Dokuments selbstständig aus dem Internet herunterladen. Wahlweise können auch die Daten per Hand eingegeben werden. Hier wird ein Hilfetext für alle Felder angeboten.

Die Literatur kann in Karteiform, als Titelliste und in einer Titeltabelle angezeigt werden.
*   Die Kartei hat eine klare Struktur und lässt eine einfache Bedienung zu.
*   Die Titelliste bietet einen bequemen Überblick bezüglich frei wählbarer Daten der Literatur. Es kann z. B. der Titel im gewählten Zitationsstil, Abstracts oder Schlagwörter angezeigt werden.
*   Die Titeltabelle zeichnet sich durch ihre besondere Vielseitigkeit aus. Die Tabellenfelder können komplett benutzerdefiniert angelegt werden.

Weiterhin kann mittels Citavi online in einer Vielzahl von Datenbanken und OPACS recherchiert werden. Die Ergebnisse werden dann Programm in der o. g. Weise gespeichert. Es ist möglich die vorhandene Literatur inhaltlich auszuarbeiten, z. B. mit weiteren Informationen. Es kann mit Citavi Zitate gesammelt werden inklusive sog. Bildzitate: Dies sind Fotos und Grafiken mit Zitatsfunktion. Es sind 250 Zitationsstile in Citavi zur Auswahl vorhanden. Außerdem kann ein selbst kreierter Zitationsstil eingegeben werden. Zusätzlich ist eine sog. Ideensammlung möglich – das ist eine im Programm schnell erreichbare Notizfunktion um eigene Gedanken festzuhalten.

Nachdem das Wissen wie o. g. gesammelt wurde kann es in einem flexiblen Kategoriensystem zugeordnet werden. Dieses System in Form einer Baumstruktur kann nach Belieben festgelegt werden und könnte beispielsweise der Gliederung einer Masterarbeit entsprechen. Um Texte zu konzipieren können die zuvor gesammelten Zitate inklusive Quellenangabe und Ideen in die Textverarbeitung importiert werden. Es ist auch möglich, die Literaturverweise als In-Text-Zitationen oder als Fußnote einzufügen.

Bibliografieren wird insbesondere durch das Zusatzprogramm Picker zu Citavi erleichtert. Dieses Programm nimmt („pickt") Texte, Grafiken und Literaturangaben in HTML- und PDF-Dokumenten sowie Word-Texten in Datenbank auf und versieht es automatisch mit der Quellenangabe.

Literaturverzeichnis erstellen

Das Erstellen des Literaturverzeichnisses ist mit dem Programm Citavi sehr einfach. Im Text werden Literaturverweise in geschweifte Klammern gesetzt. Daran erkennt das Programm die Verweise und erstellt automatisch das Literaturverzeichnis.
Natürlich musste zuvor das zitierte Werk bibliografiert, also in Citavi eingepflegt werden.

2) Word

Bibliografieren

In Word ist es möglich die Literatur mittels eine selbst erstellten Tabelle zu verarbeiten. Dazu ist eine Tabelle zu erstellen, in der alle wichtigen Informationen zu den verwendeten Schriften verzeichnet sind. Schließlich soll die Bibliografie der Literatur diese ordnen und für die spätere Nutzung organisieren.

Diese Tabelle sollte mindestens 8 Spalten besitzen und muss bezüglich der Spaltenbreite und ~höhe, der Schriftgröße und Abstände eingerichtet werden. Es wird außerdem empfohlen eine Kopfzeile zu kreieren in welcher Datum, der Name der Datei und die Seitenanzahl aufgeführt sind. Die Wordtabelle kann automatisch durch Weg- oder Hinzunahme von Zeilen oder Spalten verkleinert oder vergrößert werden.

Zusätzlich ist ein automatisches Sortieren des Tabelleninhaltes nach dem Alphabet möglich.

Literaturverzeichnis erstellen

Das Literaturverzeichnis basiert ebenfalls auf einer Tabelle. Hier muss zuvor festgelegt werden welche Art von Zitationsstil der Autor verwenden will. Dazu entsprechend müssen dann die Zeilen und Spalten der Tabelle festgelegt werden. Das Literaturverzeichnis ist händisch auszufüllen.

Es gibt keinen vorgegebenen Zitationsstil in Word. Daher ist es wichtig sorgfältig und genau beim Erstellen des Literaturverzeichnisses vorzugehen. Es müssen die Regeln für den oder die Autoren, den Titel mit Untertitel, bezüglich des Verlagsortes und Erscheinungsjahrs sowie was die Zeichensetzung angeht. Weiterhin muss auf die Art der jeweiligen Literatur geachtet werden. Monografien, Sammelbände, Hochschulschriften, Zeitschriftenaufsätze, Informationen aus dem Internet usw. haben jeweils eigene Regeln für die Aufnahme in das Verzeichnis.

Da das Literaturverzeichnis nicht als Tabelle erscheinen soll, muss noch der Rahmen der Tabelle verbogen werden. Dies ist mit der Einstellung „ohne" für Rahmen möglich.

3) Abwägung

Citavi bietet einen leichten Einstieg in die Recherche und Verwaltung von Literatur. Die Funktion mit der ISBN erleichtert enorm die Bibliografie der Schriften. Weiterhin bietet Citavi drei sehr gute Anzeigeformen für den jeweiligen Geschmack. Es ist möglich online zu recherchieren und die Ergebnisse sofort in die Datenbank einzufügen - ein sehr komfortables Feature. Zitate können mit Quellenangabe bequem in das Programm eingepflegt werden wie auch die eigenen Ideen. Die vorgegeben 250 Zitationsstile zusammen mit der Möglichkeit einen eigenen Zitationsstil zu entwerfen werden sicherlich viele stressige und nervige Momente verhindern können. Es ist nicht möglich eine rein benutzerdefinierte Verwaltungsliste zu erstellen.

Eine weitere sehr komfortable Funktion ist das flexible Kategoriensystem. Mit diesem kann vorhandenes Wissen sortiert werden und als Struktur für den zu schreibenden Text dienen. Es können Zitate mit Quellenangabe in den Text importiert werden wie auch Fußnoten oder In-Text-Zitationen.

Um das Literaturverzeichnis zu erstellen, erkennt Citavi selbstständig die - z. T. vom Programm selbst - in geschweifte Klammern gesetzten Literaturverweise. Mehr muss nicht vom Anwender selbst durchgeführt werden.

Mit **Word** kann mittels einer einfachen Tabelle die Literaturverwaltung und mit einer zweiten gleichartigen Tabelle das Literaturverzeichnis erstellt werden. Die Listen müssen aber rein benutzerdefiniert angelegt werden - es gibt weder eine Vorlage für die Wissensverwaltung noch für das Literaturverzeichnis. Mit Word zu arbeiten ist daher langwierig und fehleranfällig. Die Erstellung der Tabellen selbst ist wiederum einfach durchzuführen.

Die sonstigen genannten Vorteile von Citavi (Kategoriensystem, Zitate, Fußnoten...) fehlen bei der Anwendung von Word.

Im **Ergebnis** ist Citavi als ein leichtes zu bedienendes, benutzerfreundliches und komfortables Programm anzusehen. Dass die Tabellenformen nicht selbst definiert werden können stellt kein Problem dar.

Word hat den Vorteil, dass das Erstellten der Tabellen einfach ist und die Form selbst definiert werden kann - aber auch definiert werden muss Es ist daher nur Experten anzuraten, da bei der Wissensverwaltung und Bibliografie diverse Regeln beachtet werden müssen. Word ist außerdem sehr unkomfortabel in Bezug auf die genannten Aufgaben.